Meinen lieben Eltern
in Dankbarkeit,
sowie
E. PJ V. und M.W.
in Erinnerung
gewidmet.

Komm, O Tod, Du Schlafes Bruder

Gedichte, Gedanken und Bilder zum Tod

Stefan PD Runge

Bibliographische Information der Deutschen
Nationalbibliothek:
Die Deutsche Nationalbibliothek verzeichnet diese Publikation
in der Deutschen Nationalbibliographie;
detaillierte bibliographische
Daten sind im Internet über http://dnb.d-nb.de abrufbar.

Herstellung und Verlag:
Books on Demand GmbH, Norderstedt
Printed in Germany
ISBN 978-3-8370-9145-8

Inhaltsverzeichnis

Abschied von der Mutter	9
Ein Blick von Dir	13
Erlösung	15
Ewigkeit	19
Gnade	21
Herbst	23
Herzensfreude	25
Hoffnung	27
In Gnaden	31
Insel	33
Lebensquell'	35
Leise Schwingen	39
Licht	41
Liebeszögern	43
Meine Seele	45
Nacht	47
O Tod	49
Sehnsucht	51
Tagebuch	55
Tod	57
Tod, mein Freund	59
Tönende Melodie	61
Traum	63
Trost	65
Unendliche Liebe	67
Wenn ich einmal soll scheiden	71
Gebet 1	73
Gebet 2	75
Gebet 3	77
Gebet 4	79
Meditation (Römer 14,8)	82
Meditation (Choral: Komm, O Tod)	86
Meditation (Jesus Sirach 41)	90

Zum Geleit

Immer, wenn uns der Tod streift, scheinen unsere Worte zu verstummen. Und dabei hätten wir doch noch so viel zu sagen zum Abschied, zum Geleit. Doch unser Atem erstickt in Tränen und Trauer.

Dieses kleine Buch will in Gedichten, Gebeten und kurzen Meditationen dem Ausdruck verleihen helfen, was uns bewegt. In der Stille, am Bett eines Sterbenden oder in der Trauer mögen uns diese Worte begleiten und vielleicht trösten helfen. Jede, der hier eingefügten Photographien, hat in ihrer Entstehung einen Bezug zum Tod, ohne, daß darauf besonders eingegangen werden soll. Wem das Wort im Angesicht des Todes verwehrt oder unmöglich scheint, dem mag die Phantasie eigener Bilder helfen.

ABSCHIED VON DER MUTTER

Ruhe nun, geliebte Mutter,
    nach der Jahre Gram und Pein.
Nie schliefen Deine zarten Glieder
    in Sorge um des Lebens mein.

All' Deine Liebe ließt Du walten
    früh morgens bis zum Mondenschein,
umhülltest mich mit Güt' geborgen,
    hieltst meine Seel' von Sorgen rein.

Nun hat der Abend Dich umschlungen;
    die Finsternis der Nacht bricht ein.
Du hast zum letzten Mal gesungen
    das Segenslied des Tages mein.

Die Pfade, die Du nun beschreitest,
    sie führen fern Dich weg von mir.
In Gottes Gnad' seist Du geleitet;
    ich bleib in ew'ger Lieb' bei Dir.

EIN BLICK VON DIR

Es war ein sanft-leichtes Senken des Lides,

ein Schatten fiel auf Deines Antlitzes Glanz.

Weich blinkt ein Strahl frohen Lichtes hernieder.

Deine Augen, sie umschlingen in Liebe mich ganz.

ERLÖSUNG

Hell umschlungen sind die Furchen
        meines gramverwob'nen Blicks.
Leise lächeln jene Schmerzen
        aus der Tiefe meines Ichs.

Unter Mühen meines Ganges
        reckt ein Strahlen sich hervor.
Schwer gekrümmt von Lebensqualen
        blickt ich nur zu ihm empor.

Wie aus Tiefen dieses Dunkels
        suchend meine Seele ruft,
so ermattet meine Hoffnung,
        die das Licht des Lebens sucht.

Flehend streckt ich ihm entgegen
        Aug' und Herze bittend hin,
wartend auf der Allmacht Segen,
        daß die Hoffnung nie verrinn'!

EWIGKEIT

Entfliehst Du mir,
Du Wolke der Stille,
Du Hauch meiner Tränen Flut?
Entrückst Du von hier
nach der Allmacht Wille
in sanft umschlingender Seelenglut?

Nimm mich doch mit und reiß mich fort
aus meiner Tränen tiefem Tal,
daß ich sehe der Hoffnung Lichter dort,
fernab von dieser Lebensqual.

Lod're glühend, Du Licht, in der Finsternis Schein
und blühe, Du Blume des Lebens neu mir.
Mich trag' in die Höhen unendlichen Seins,
daß ich erwache in Freude glückselig bei Dir.

GNADE

Flocken des Schnees
     nun fallen hernieder,
matt sacken zu Boden
     uns're Herzen und Glieder
bis das Licht sie erhebe
     in leuchtende Höhn,
damit wir wieder
     der Hoffnung Gnad' mögen sehn.

HERBST

Da thronst Du nun also,
Du knöcherner, eherner Gefährte.
Tief sind die Furchen der Zeiten
Dir ins Gesicht geschnitten.
Schwer ragen die Maße Deiner
wirren Glieder in die Lüfte.
Ungebändigt wirbelt der Winde
Zorn durch Deine Spitzen.
Doch kraftvoll trägst Du die Weiten
Deiner sich reckenden Arme,
hinab verwurzelt in der Erde Grund.
Wie Schlingen verwoben ist Dein
Fußwerk in der Tiefen Flucht.
Naß prasselt der Himmel
Tränen auf Dich hernieder,
doch auch dem Grollen der Blitz
durchzuckten Wetter trotzt Du,
geduldig, beharrlich, biegsam,
Dich mühend.
Aber Du bleibst,
auch wenn des Lebens Gezeiten vergeh'n.

HERZENSFREUDE

Wenn Du laut jauchzend das Leben genießt,

wenn in aller Not doch noch Hoffnung sprießt,

wenn jubelnd die Seele zu singen beginnt,

dann nur Dein Herz an Freude gewinnt.

HOFFNUNG

Licht kreist um mich her.
Mein Auge zuckt, schreckt zurück.
Seine Strahlen durchbohren mich gar.
Sie umschlingen mich fest.

Ich versuche mich zu entreißen,
flüchte in die dunklen Tiefen,
in mein Innerstes hinein.

Es wiegt mich schwer,
es bäumt mich empor,
es wirft mich heftig nieder,
es wirbelt mich säuselnd durch die Luft.

Es durchfährt mich wie lodernde Glut.
Plötzlich erwache ich.

Ist das wirklich Hoffnung?

28

IN GNADEN

Tief durchfurcht ist mein Gesichte,
gram beschwert sind Aug und Ohr.
Bleiern wiegt des Haupts Gewichte,
schwer entrückt des Geistes Chor.

Nie gehört war jene Klage,
welche so ins Ohr mir drang.
Nie gespürt war solches Leide,
welches mir den Atem nahm.

Nie geseh'n war diese Straße,
welche mich zu Dir hinführt.
Nie gelebt war diese Strafe,
welche mich so tief berührt.

Hoffnung dringt aus meinem Herzen,
daß die Gnade leise mir,
daß ich bleibe ohne Schmerzen,
bleibe ewiglich bei Dir.

INSEL

Schwer bäumt sich
mit gleißenden Wogen
und stemmt sich
in kraftvollem Bogen
die See, die schäumende,
gegen der Insel Land und Wehr.

Nur Ruhe find ich im Herzen
hier droben,
im Drängen der Seele,
rein und hehr.

LEBENSQUELL'

Gib Licht ins Leben Deiner Augen,

grünet ihr Wiesen und Täler der Seelen!

Erhebe Dich brausend, Du Quell' aller Kraft.

Dein ist des Lebens umschlingende Macht.

LEISE SCHWINGEN

Schlummerst friedvoll Du am Himmel,
der so wohlig uns umgibt;
wehst mit leisen, bunten Schwingen,
ew'ge Ruhe Dir entflieht.

Hüllst unsrer Schritte schweres Regen
ein in flehentliches Graun;
läßt das Herz Du uns verzagen
an der Erde Atem Saum.

Hebst drohend uns aus Wogen
in schwere Wolken hin,
daß wir hineingesogen,
wo kein Lebenshauch je rinnt.

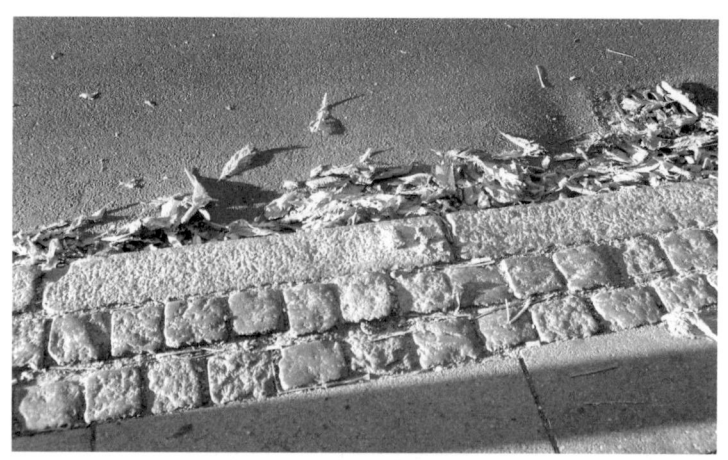

LICHT

Licht, Du Licht,
das mit Schatten umspülst,
tief meiner Seelen
Schmerzen Du kühlst.

Zeige mir wieder,
wie das Herze mir springt,
daß es in Freude
neu Lieder Dir singt.

LIEBESZÖGERN

Welch ein leises Zagen,
    von ferne her es naht.

Welch ein reiches Sehnen
    uns an die Hoffnung mahnt.

Das Herz im Dorn umschlungen
    aus der Enttäuschung Qual,

doch Liebe sucht Erlösung
    in Deiner Sehnsucht Wahl.

In großem Bogen spannt sich
    farbig meine Glut.

Dein' Brust will sie umfangen
    mit meines Herzens Mut.

Doch wenn Dein Blick sich wendet,
    hinweg von mir, so matt,

wird mich kein Kuß erlösen
    in meiner Tränen Tal.

MEINE SEELE

Welch' Schrei aus der Tiefen der Brust,
flehend, im Innern der Seelen suchend,
aufbäumend,
sich gegen die Finsternis erhebend,
zwingt er auf den Grund zu netzen
das Antlitz, die lastende Schmach des Ichs.

Die Erde säugt, was ihr genommen,
umschlingend, erstickend
stiehlt sie die Seele mir,
reißt an sich, ohn' jedes Erbarmen,
den leiblichen Rest im Tode von mir.

NACHT

Wenn leise jetzt der Mond sich regt,
der Sterne klarer Schein umweht
die Blätter hoher Wipfel.

Wenn flüchtig hier ein Schimmer glüht,
der Ruf der Nachtgetier nicht lügt,
umheult der Tannen Gipfel.

Dann führt die Sehnsucht mich hinaus
fernab von meines Vaters Haus

in Tränen voller Finsternis und karger Einsamkeit,
voll Bitternis auf Wegen meiner Nächte dunkles Leid.

O TOD

Hart war Dein's Lebens Brot.
Nichts ward Dir nur gegeben.
In aller Qual und Not
hast Hoffnung nur erbeten.
Kein Leid hat Dich verschonet
auf Deines Lebens Bahn.
Mit Trost nicht warst entlohnet,
sahst nur den Tod noch nah'n.

Da fliegt sie nun dahin,
diese kleine, fast unhörbare Melodie.

SEHNSUCHT

Warum zerreißt es mir immer noch mein Herz,
wenn ich an Dich denke,
wenn Dein Gesicht in meinen Erinnerungen
an mir vorbeizieht?
Lange schon bist Du von mir gegangen,
ließest mich zurück,
einsam, ängstlich, suchend.
Ich schrie Dir hinterher,
reckte meine Hände,
um Dich zu halten.
Vergeblich!
Meine Kraft erlosch.
Du schwandest dahin,
fast angezogen von der dunklen Ferne.
Sie blendete mich,
lähmte mich.
Ich konnte Dich nicht halten,
nicht im Leben bei mir.
So verlor ich Dich an das Dunkel der Nacht,
die Finsternis des Todes
und doch leuchtet es um mich,
wenn Du mein Herz erwärmst,
wenn die Erinnerungen mich umspülen.
Ich will Dich berühren, küssen.
Aber dann zerfällst Du wieder zu Staub
vor meinen Augen.
Nimm mich mit auf Deine Reise.
Laß mich nicht allein zurück.

TAGEBUCH

Nun hast Du mich also allein zurückgelassen.
Du bist fort und ich weiß nicht,
wohin der Weg Dich führt.
Ich schaue mich um, suche Dich.
Ich rufe nach Dir aber Du antwortest nicht mehr.
Ich will Dich ein letztes Mal in meine Arme schließen,
aber Du bist schon gegangen,
ließest mir keine Möglichkeit,
Dir noch einmal mit einem Kuß zu sagen,
daß ich Dich liebe.
Ich habe geweint, habe geschrien.
Meine Fäuste haben versucht,
meinen Schmerz zu zerschlagen.
Nichts half mir!
Du bist fort und kommst nicht mehr zu mir zurück,
niemals mehr.
„Dir ginge es jetzt besser", sagen alle.
Aber ich will es von Dir hören,
daß Deine Qualen, Deine Schmerzen jetzt gewichen sind,
daß es Dir gut geht,
daß Du wieder lachen kannst.
Sende mir doch ein Zeichen,
ein kleines nur, damit ich weiß,
daß dies' alles einen Sinn hat.
Laß mich nicht allein in meinen Tränen.
Bleib bei mir!

TOD

Es war,
als hättest Du mich schallend geohrfeigt.
Tief sitzt der Schmerz noch immer.
Das leise, wehende Spiel
des Windes um meine Wangen
verspricht keine Kühle, keine Milde.
Von irgendwo her kamst Du,
nicht bemerkt, nicht erwartet,
brausend, ja aufschäumend nahmst Du mit,
was sich Dir bot.
Flehende Hände streckten sich Dir entgegen,
schmerzvolle Gesichter riefen Dir zu.
Hoffnungslose warfen Dir Ihre Qualen zu Füßen.
Du streiftest mich, wieder und wieder.
All' Deine Macht richtetest Du gegen mich.
Ich riss mich los und weiß dennoch...

Du kommest wieder.

TOD, MEIN FREUND

Warum hat mir niemand gesagt,
was der Tod ist?
Hätte ich gewußt,
was er von mir will,
hätte sich doch alle Mühe um das Leben
wahrlich nicht gelohnt.
Wozu die Sorgen um das Morgen?
Warum die Angst vor dem Sein,
die Schmerzen?
Warum die Schläge der Enttäuschungen?
Warum das Gebrochensein und Versagen?
Warum das mühevolle Streben
nach einem besseren Ich?
Hätte ich geahnt,
daß der Tod dies' alles
in die Finsternis eintaucht,
so wäre er mir vielleicht Freund
statt Feind geworden.

TÖNENDE MELODIE

Da fliegt sie nun dahin,
diese kleine fast unhörbare Melodie.

Wie zartes Sausen war sie an mein Ohr gedrungen,
umwehte mich ganz leise, fast zärtlich.

Ich war benommen von diesem Klang;
wie samt'ner Schleier umhüllte er mich.

Wohl war mir mein Herz,
als seine Töne mich streiften,
ein Strahlen durchdrang meine ermattete Brust.

„Komm wieder, nimm mich mit",
rief ich bittend, fast flehend.

Sie hörte mich nicht und ich verlor das Gesicht.

TRAUM

Seid umschlungen Millionen
Träume, die ihr mir geschenkt.

Jetzt dringet in die Tiefe,
Hort seel'gen Seins gelenkt.

Aus meines Herzens Grunde
der Schrei nach Licht sich regt.

Damit von dort mag blinken
ein Strahl voll Kraft, bewegt.

TROST

Herr, öffne mir die Augen
für jenes große Licht,
damit, daß ich möcht' schauen
Dein Gnad' und Lieb' für mich.

Laß freudig mich erheben
mein' Hände nun zu Dir,
der Du gabst gern im Leben
all' holde Güte mir.

Nimm weg der Tränen Schleier,
der meinen Blick verblend't,
damit mein Herz mit Hoffen
ich betend zu Dir wend'.

Laß froh mich wandeln weiter
den Himmelszelten zu,
daß froh mich mögest retten
aus meiner Trauer Du.

UNENDLICHE LIEBE

Ich weiß nicht, was soll es bedeuten,
daß Du im Traum mich berührst,
Dein Mund mich mit Küssen benetzte,
den Glanz Deiner Lippen ich spürt'.

Deine Hand meinen Kopf sanft wiegte,
mich schmiegte glückselig an Dich,
Dein Blick mich verzaubert mit Glitzern,
verzehrend nur Dich liebte ich.

Doch als der Jahre Ströme
sich regten in Deiner Brust,
da ersehnten Deine Gedanken
sich anderer Fernen Lust.

Schweigen umhüllte Dein Blicken,
kalt blieb Deiner Lippen Glut.
Dein Herz verstockte mit Grimmen,
nimmer sprachst Du das lieb'volle DU.

Da zerbrach meiner Seele schimmernder Schein
in tausendfach, dornene Stücklein klein.
Die Hoffnung, daß Liebe ewiglich sei,
sie ist wohl für immer und immer vorbei.

WENN ICH EINMAL SOLL SCHEIDEN

Wenn weit mich seine Flügel,
sie tragen fern von hier,
so bleibt doch meine Liebe
mit ihrem Glanz bei Dir.

Tief aus der Seele dringet
mein Schrei zu Dir, O Gott.
Du mögest mich erlösen
aus meiner ew'gen Not.

GEBET 1

Herr,
als mich alles Licht im Leben umgab,
da suchte ich Dich nicht.
Nun kommt die Dunkelheit des Todes
über mich und mein flehender Blick
findet Dich nicht mehr.
Setze Du an das Ende dieser Finsternis
ein neues Licht,
damit ich auf dem Weg in Dein Reich
nicht wieder möge verloren gehen.
Amen!

GEBET 2

Nun schaue ich in die Tiefe
des Abgrundes vor mir
und habe Angst.
Es gibt keinen Ausweg,
als auf die andere Seite zu gelangen.
Es gibt keinen Weg zurück
und doch scheine ich erstarrt vor Furcht,
unfähig, den nächsten Schritt zu gehen.
Öffne mir, o Herr, die Augen
für Deine Brücke ins ewige Leben.
Ich danke Dir dafür. Amen!

GEBET 3

Herr,
ich spüre, daß Du als Schatten neben mir gehst.
Stehe ich still, so bleibst Du bei mir.
Will ich davonrennen, so eilst Du mit mir.
Bleibe Du auch auf dem
dunklen Weg des Todes bei mir,
damit ich nicht allein sein möge,
auch wenn ich Dich nicht sehen kann.
Amen!

GEBET 4

Vater,
warum fällt es mir so schwer,
Deine Hand zu ergreifen
und mich durch sie führen zu lassen?
Gerade, wenn ich unsicheren Weges gehe,
könnte sie mich doch stützen,
wenn ich zu fallen drohe,
möge sie mich halten.
Höre Du nicht auf, mir Deine Güte zu reichen,
mir Deine Hände entgegenzustrecken.
Hilf mir in meiner Schwachheit auf.
Amen!

Leben wir, so leben wir dem Herrn,
sterben wir, so sterben wir dem Herrn.
Darum, wir leben oder sterben,
so gehören wir dem Herrn!

(Römer 14,8)

Wofür leben WIR?

Das Tempo unseres Lebens, unserer Sorgen, unserer Erwartungen und Ängste ist atemberaubend. Die Notwendigkeit, einem vermeintlich erstrebenswerten Lebensstil hinterher zu hecheln, mehr und mehr Wohlstand zu erwirken, und damit mehr und mehr arbeiten zu müssen, kennt offensichtlich keine Grenzen mehr. Hast Du was, so bist Du was! So eilen wir dem gesteckten Ziel hinterher ohne zu bemerken, wie dieses vor uns im gleichen Tempo davonläuft. Das Gefühl von Getriebenheit, Rastlosigkeit wird damit prägend für unseren Alltag. Die kurzen Augenblicke des Durchatmens, des Verweilens, der Ruhe verwandeln sich schnell in Panik und Angst. Wer ruht, der rostet, der verpaßt etwas! Freizeit steht somit unter großem Druck des Erfolges. Nur, wer das Leben genießen kann, lebt richtig.

Und wer will nicht erfüllt leben trotz des Gefühls, sich im Kreis zu drehen? Wozu sterben, wenn der Höhepunkt des Lebens noch in so weiter Ferne scheint? Vielleicht wird das Leben ja morgen oder übermorgen endlich lebenswert? Vielleicht aber auch erst in Jahren? Das Ziel bestimmt den Weg. Damit beginnt die Hast, uns weiter antreiben zu müssen. Für den Tod kann da kein Platz bleiben. Die Medizin wird es schon richten, daß wir alt werden und dann in vollen Zügen, alle Annehmlichkeiten des Lebens genießen können. Für den Tod haben wir in unserer Lebensplanung keinen Platz gelassen. Leben wir damit wirklich dem Herrn, der Gewißheit, daß unser Leben nicht rastlos angetrieben sein muß? Können wir unsere Sinne noch hoffend öffnen, um seinen Ruf in die Zuversicht eines erfüllten Lebens wahrzunehmen? Sterben wir dem Herrn? Wozu den Tod akzeptieren, wenn das Leben noch so viel zu bieten haben kann? Der Tod nimmt uns nicht das Leben, sondern gibt neue, unbekannte Weiten, in denen hoffentlich unsere Ängste und Sorgen des Jetzt nicht mehr walten mögen. Wer im Herrn lebt, kann auch in der Gewißheit und Zuversicht, von den Händen des Herrn getragen zu sein, sterben. Sterben wir also mit dieser Hoffnung, daß wir damit wahrhaftig leben mögen.

Komm, O Tod, Du Schlafes Bruder,
komm und führe mich nur fort;
löse meines Schiffleins Ruder,
bringe mich an sicher'n Port!

(Choral „Du, O schönes Weltgebäude",
Johann Franck 1653)

Ruhe wohl, ruhe sanft! Das mag man jemandem wünschen, der sich nach des Tages Lasten niederlegen möchte, um beruhigt einzuschlafen, um zu entspannen. Aber die Aufforderung in unserer Liedstrophe geht weiter. Hier wird nicht der Schlaf herbeigesehnt, sondern sein Bruder, der Tod. In diesem Bild sind keine gegensätzlichen Brüder gemeint, vielmehr könnte man hier an Zwillinge erinnert sein, die sich doch so täuschend ähnlich sind. Das auffordernde „Komm" läßt ein Flehen erspüren, eine Verzweiflung. Wer so ruft, der sucht nicht nur eine kurzzeitige Entspannung oder Beruhigung, sondern Erlösung aus der Not. Die menschliche Vertrautheit mit dem Schlaf läßt die Angst vor dem Tod, seinem Bruder, milder erscheinen. Wer des Nachts im Schlafe sanft ruhen will, der erhofft im Tod noch viel mehr, der will aus dem Jammertal fortgeführt werden, ja diesem entrissen werden. Mit beiden Händen scheint hier der Bittende nach dem Rettungsring greifen zu wollen. Nicht mehr selbst will oder kann er den Weg bestimmen, nein, er übergibt das Ruder in des Todes Hände.

Wer, um sicher in einen Hafen zu gelangen, das Ruder beiseite legt, der überläßt das Erreichen des sicheren Portes dem Zufall. Wer aber auf die verläßliche Führung des Todes hofft, der lebt in der Gewißheit, daß dies' nicht der Untergang, sondern die Erlösung sein möge. In einer anderen Kantate von Johann Sebastian Bach erklingt sonor und zuversichtlich, fast beglückt klingend die Aussage „Ich freue mich auf den Tod". Wer so spricht oder singt, dessen Hoffnung im irdischen Leben ist erloschen, dessen Sehnsucht nach einem jenseitigen Paradies ist der einzige Lichtblick. Der Tod führt nach diesem sehr barocken Verständnis in eine bessere Welt, als sie auf Erden möglich oder vergönnt war. Er hat hier alles Schreckhafte verloren; er wird vielmehr herbeigesehnt. Unser irdisches Verhaftetsein, das den Augenblick um fast jeden Preis erleb- und genießbar machen will, scheint im völligen Gegensatz zu dieser Auffassung zu stehen. Da wir anders als die historischen Menschen jener Zeit nicht mehr so offensichtlich eingebunden sind in eine barocke Ständeordnung, in der viele Gegebenheiten unabdingbar waren, sondern uns heute vielmehr als Schmiede unseres eigenen Glückes empfinden, ist das Leid unserer Zeit zwar nicht wirklich geringer geworden, aber der Ehrgeiz, dieses im Leben ändern zu können sehr wohl größer. Da muß man durch! Das packen wir! Es werden schon wieder bessere Zeiten kommen! Wer kennt sie nicht, diese gut gemeinten Aufforderungen, doch durchzuhalten, nicht zu resignieren. Anders sieht dies' eben unser Text. Wer sein Leben nicht mehr in den Griff bekommen kann, der darf im Tod Hoffnung auf Erlösung haben, in einem neuen, anderen Leben bei Gott.

O Tod, wie bitter bist du,
wenn an dich gedenket ein Mensch,
der gute Tage und genug hat
und ohne Sorge lebet;
und dem es wohl geht in allen Dingen
und noch wohl essen mag!
O Tod, wie bitter bist du.
O Tod, wie wohl tust du dem Dürftigen,
der da schwach und alt ist,
der in allen Sorgen steckt,
und nichts Besser's zu hoffen,
noch zu erwarten hat!
O Tod, wie wohl tust du!

(Jesus Sirach 41)

Welch' denkwürdiges Bild zeichnet dieser Text! So ist der Tod
also bitter dem, der sorgenlos, ohne Not, ohne Entbehrungen
leben kann, satt im Leben. Wer so privilegiert sein Dasein
genießen kann, für den würde der Tod das Ende des Guten
bedeuten. Wer sollte sich ein solches Ende wünschen? Der zweite
Teil dieses von Johannes Brahms in seinen „Vier Ernsten
Gesängen" vertonten Textes zeichnet ein völlig gegensätzliches
Bild. Hier ist der Tod wohltuend dem, der sorgenvoll,
gebrechlich und hoffnungslos ist. Beklemmend, daß dieser
Textabschnitt keine Änderung dieser Trostlosigkeit zu

erlauben scheint. Wer auf der vermeintlichen Schattenseite des Lebens steht, für den gibt es keinen Ausweg, keine Erlösung, außer im Tod. So sei es denn: Den einen geht es gut. Ihnen gehört das Recht zu leben. Den anderen geht es schlecht. Sie haben dieses Recht verwirkt. Ganz so einfach ist es dann aber doch nicht. Der Text schreibt keine unabänderliche Situation fest, sondern führt uns in ein fast nachvollziehbares und verständliches, aber eben nicht zu rechtfertigendes Lebensverständnis ein, das wir in den unterschiedlichen Phasen unseres eigenen Lebens vielleicht auch schon empfunden haben. Da gibt es Abschnitte der Sorglosigkeit, in denen wir glücklich scheinen. Fragen wir da nach Gott? Wozu brauchen wir einen Tröster, wenn wir uns nicht in Not wähnen? Und dann gibt es eben auch jene Phasen, in denen sich alles zum Übel zu wenden scheint. Krankheiten holen uns ein, Arbeitslosigkeit, Armut, Schicksalsschläge, die wir nicht selbst im Griff haben. Dann ist der Ruf nach Gottes helfender, rettender Hand nicht fern, manchmal sogar der einzige Hoffnungsschimmer im Dunkel unseres einsamen Weges. Wenn dann unsere Schwierigkeiten durch nichts mehr zu lösen sind, bekommt die Erlösung durch den Tod den Sinn der letzten Möglichkeit. Der Text offenbart uns nicht, was uns dann aber nach dem Tode erwarten möge. Gibt es ein besseres Leben danach, das die Leiden im Irdischen in einem anderen Licht erscheinen läßt? Vielleicht kann man des Textes Ansprache an den Wohlhabenden, Gesunden und Sorglosen aber auch als Warnung verstehen. Ja, der Tod wäre ein bitteres Ende des irdischen Reichtums. Aber Wohlstand zieht eben nicht das Recht auf ein unendliches Leben nach sich. Daher sei auch der vermeintlich Sorgenlose gewarnt: Der Tod kommt gewißlich!

Persönliche Gedanken

Persönliche Gedanken

… in der Hoffnung, daß Ihnen dieses Buch
Anregungen und Trost geben konnte,

Stefan PD Runge